Acentos y afijos, V

Palabras a su paso
Salón de clases

Glenview, Illinois   Boston, Massachusetts
Chandler, Arizona   Nueva York, Nueva York

Photographs

CVR (Tiger) SantiPhotoSS/Shutterstock; (Taxi) Bsd/Shutterstock; (Shirt) Aunaauna Shutterstock; (Piano) MSSA/Shutterstock

Pearson Education, Inc. 330 Hudson Street, New York, NY 10013

© 2019 Pearson Education, Inc. or its affiliates. All Rights Reserved. Printed in the United States of America.

This publication is protected by copyright, and permission should be obtained from the publisher prior to any prohibited reproduction, storage in a retrieval system, or transmission in any form or by any means, electronic, mechanical, photocopying, recording, or otherwise. For information regarding permissions, request forms and the appropriate contacts within the Pearson Education Global Rights & Permissions Department, please visit www.pearsoned.com/permissions/.

PEARSON and ALWAYS LEARNING are exclusive trademarks owned by Pearson Education, Inc. or its affiliates in the U.S. and/or other countries.

Words Their Way and *Palabras a su paso* are trademarks, in the U.S. and/or other countries, of Pearson Education, Inc., or its affiliates.

Unless otherwise indicated herein, any third-party trademarks that may appear in this work are the property of their respective owners and any references to third-party trademarks, logos, or other trade dress are for demonstrative or descriptive purposes only. Such references are not intended to imply any sponsorship, endorsement, authorization, or promotion of Pearson's products by the owners of such marks, or any relationship between the owner and Pearson Education, Inc. or its affiliates, authors, licensees, or distributors.

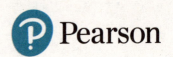

ISBN 13: 978-1-4284-4244-3
ISBN-10:   1-4284-4244-8

Contenido

Grupo 1	Homófonos con o sin tilde	1
Grupo 2	Palabras compuestas	5
Grupo 3	Más palabras compuestas	9
Grupo 4	Terminación en plural: **-es, -s**	13
Grupo 5	Plurales irregulares	17
Grupo 6	Añadir **-oso, -osa**	21
Grupo 7	Añadir **-ado, -ada**	25
Grupo 8	Añadir **-dor, -dora**	29
Grupo 9	Añadir **-ando, -iendo**	33
Grupo 10	Añadir **-iendo** cambiando la raíz del verbo	37
Grupo 11	Añadir **-iendo** a otros verbos irregulares	41
Grupo 12	Añadir **-ido** o **-ado**	45
Grupo 13	Formas irregulares del afijo **-ado** e **-ido**	49
Verificar 1	Homófonos, palabras compuestas y plurales	53
Verificar 2	Sufijos	54

Homófonos con o sin tilde

Grupo 1

té	donde
tu	te
mí	sé
el	él
dónde	mi
que	qué
aún	si
de	aun
más	cuando
se	mas
sí	dé
cuándo	tú

Grupo 1: Homófonos con o sin tilde

Homófonos con o sin tilde

Grupo 1: Homófonos con o sin tilde

Lee en voz alta cada palabra. Escribe en la línea una palabra que suene igual pero se escriba diferente y tenga un significado distinto. Luego escribe una oración donde uses la nueva palabra.

té _____

tu _____

donde _____

él _____

se _____

aun _____

que _____

mas _____

si _____

mí _____

dé _____

cuando _____

4 Grupo 1: Homófonos con o sin tilde

Grupo 2

Palabras compuestas

abrecartas	antepasado	abrefácil	antebrazo	salvavidas
anteayer	salvapantalla	sobremesa	sobrecama	abrebotellas
sobretodo	mediometraje	mediodía	salvaguarda	sobrecarga
mediocampista	abrelatas	salvamanteles	medioambiente	anteojos

Grupo 2: Palabras compuestas

Palabras compuestas

sobremesa					
mediodía					
anteojos					
salvavidas					
abrelatas					

Grupo 2: Palabras compuestas

Elige palabras del recuadro para unirlas y formar nuevas palabras. Escribe sobre la línea las dos palabras que elegiste y la palabra compuesta que se forma.

| rompe | salta | papeles | cabezas | alta | saca |
| pisa | mar | puntas | montes | quita | sol |

_____ + _____ = _____

_____ + _____ = _____

_____ + _____ = _____

_____ + _____ = _____

_____ + _____ = _____

_____ + _____ = _____

Grupo 2: Palabras compuestas

Grupo 3: Más palabras compuestas

bienestar	cortacésped	cortafuego	extraescolar	superintendente
cortaúñas	malaconsejado	malagradecido	superdotado	cortacorriente
extrafino	supermercado	extraoficial	malestar	malcriado
supermodelo	extramuros	bienvenido	bienaventurado	bienintencionado

Más palabras compuestas

supermodelo					

cortaúñas					

extrafino					

malestar					

bienestar					

Grupo 3: Más palabras compuestas

Elige palabras del recuadro para formar nuevas palabras. Escribe sobre la línea las dos palabras que forman la palabra compuesta y luego la palabra compuesta. Puedes usar cada palabra más de una vez.

| ataque | bajo | brisas | cabezas | tele | cielos | contra | cubierta | decir | espectador | hielos | luz |
| manchas | mano | novela | vientos | olas | para | quita | rasca | rompe | corriente | visión | sol |

Grupo 3: Más palabras compuestas

Grupo 4

Terminación en plural: -es, -s

faroles	corazones	tigres	ratones	tribus
unidades	doctores	pianos	camisas	camisones
borradores	taxis	gorros	papeles	pedales
amistades	manteles	árboles	paredes	tambores
olores	velocidades	redes	ustedes	animales
cojines	botones	collares	aviones	colores

Grupo 4: Terminación en plural: -es, -s

Terminación en plural: -es, -s

Añade -s -a, -e, -i, -o, -u	Añade -es -r	Añade -es -d	Añade -es -n	Añade -es -l

Grupo 4: Terminación en plural: -es, -s

Convierte en plural cada una de las siguientes palabras, añadiéndoles -s o -es. Escribe las palabras sobre las líneas.

singular	plural	singular	plural
cama		cara	
diente		niño	
tamal		camión	
edad		farol	
paso		ciudad	
mitad		señor	
tomate		motor	
cantante		comedor	
corbata		pantalón	
flor		escuela	

Grupo 4: Terminación en plural: -es, -s

Grupo 5: Plurales irregulares

champú	actriz	el viernes	lápiz
los rompecabezas	el rompecabezas	tabú	tapices
los paraguas	el paraguas	maní	raíz
lápices	el rascacielos	el cumpleaños	arroces
tabúes	rubí	la crisis	los viernes
maníes	champúes	tapiz	los cumpleaños
las crisis	bambúes	raíces	los rascacielos
rubíes	actrices	arroz	bambú

Plurales irregulares

Varía solo el artículo

el jueves	los jueves

Terminan en -í, -ú

maniquí	maniquíes

Terminan en -z

pez	peces

Grupo 5: Plurales irregulares

Convierte en plural o singular las siguientes palabras. En la columna de la derecha escribe *Varía* si la palabra varía o *No varía* si la palabra no varía.

Singular	Plural	
el cumpleaños	_____	_____
raíz	_____	_____
_____	las crisis	_____
ají	_____	_____
el jueves	_____	_____
matiz	_____	_____
el abrelatas	_____	_____
_____	las vacaciones	_____
lombriz	_____	_____
_____	los modales	_____
_____	cebúes	_____
codorniz	_____	_____
_____	lápices	_____
iglú	_____	_____
_____	los lunes	_____

Grupo 5: Plurales irregulares

Grupo 6

engañar	nublar	nubloso	engañoso
cariñoso	milagro	cariño	lluvia
gracioso	lluvioso	milagroso	espantoso
espantar	costar	gracia	costoso

Grupo 6: Añadir -oso, -osa

Grupo 6: Añadir -oso, -osa

Verbo	Quita -ar y añade -oso/-osa	Sustantivo	Quita -a, -o y añade -oso/-osa
sospechar	sospechoso	trabajo	trabajoso

Completa cada oración añadiendo la terminación -oso, -osa a la palabra entre paréntesis. Escribe la palabra en la línea.

Mi amiga abraza a su hermano porque es muy _____. (cariño)

¡Qué susto me dio la máscara _____! (espantar)

Es un chico muy _____ y divertido. (gracia)

Tenía los ojos cansados y veía todo _____. (borrar)

La niña estaba _____ de recibir sus regalos. (deseo)

¿Te gusta ser un niño _____? (estudiar)

Lavaré la sartén porque está _____. (grasa)

Lo _____ de estudiar es que aprendes y sales bien en el examen. (ventaja)

¡Qué lugar tan _____ encontré en mi camino! (maravillar)

¡Qué seco y _____ es el suelo del desierto! (arena)

Es un virus _____. (contagiar)

Se cayó por el suelo _____. (resbalar)

Grupo 6: Añadir -oso, -osa

Grupo 7

cantar	espera	bailado	calma
calmado	cantada	esperar	asombrar
figura	calmar	animada	esponjar
bailar	figurar	esperado	figurado
esponja	asombro	ánimo	canto
asombrado	esponjado	baile	animar

Grupo 7: Añadir -ado, -ada

Grupo 8

bailador	admirador	corredor	conservar
jugar	jugador	vendedor	observador
nadador	correr	bailadora	bailar
observar	nadar	corredora	admirar
conservador	admiradora	vendedora	observadora
vender	conservadora	nadadora	jugadora

Grupo 8: Añadir -dor, -dora   29

Añadir -dor, -dora

Verbo	-dor	-dora
trabajar	trabajador	trabajadora

Añade -dor o -dora a los siguientes verbos. Escribe las nuevas palabras en las líneas.

ganar _____	luchar _____
caminar _____	tostar _____
cazar _____	cumplir _____
perder _____	motivar _____
secar _____	batir _____
soñar _____	crear _____
tejer _____	domar _____
narrar _____	hacer _____
seguir _____	anotar _____
pescar _____	hablar _____
entender _____	educar _____

Grupo 8: Añadir -dor, -dora

Grupo 9

volar	soñar	bailar	cantar
bailando	viviendo	soñando	llegando
coser	abrir	partir	comer
comiendo	partiendo	cantando	abriendo
llegar	toser	escribir	vivir
cosiendo	escribiendo	volando	tosiendo

Grupo 9: Añadir -ando, -iendo

Añadir -ando, -iendo

Verbos	+ ando	+ iendo
trabajar, ver	trabajando	viendo

Grupo 9: Añadir -ando, -iendo

Añade -ando o -iendo a los siguientes verbos. Escribe las nuevas palabras en las líneas.

pintar	_____	redactar	_____
correr	_____	comprender	_____
dibujar	_____	jugar	_____
compartir	_____	conversar	_____
explorar	_____	cantar	_____
conocer	_____	temer	_____
caminar	_____	discutir	_____
beber	_____	mirar	_____
buscar	_____	animar	_____
comer	_____	conducir	_____
preguntar	_____	tocar	_____

Grupo 9: Añadir -ando, -iendo

Añadir -iendo cambiando la raíz del verbo

Verbos irregulares	Quita -ir y cambia e a i + -iendo	Quita -er y cambia o a u + -iendo
vestir, poder	vistiendo	pudiendo

Grupo 10: Añadir -iendo cambiando la raíz del verbo

Añade -iendo a la raíz de los siguientes verbos. Observa cómo cambia la raíz de verbo de e a i (v**e**nir, v**i**niendo) o de o a u (d**o**rmir, d**u**rmiendo). Escribe las nuevas palabras en las líneas.

Añadir -iendo cambiando la raíz del verbo

decir	_____	morir	_____
vestir	_____	preferir	_____
podrir	_____	dormir	_____
venir	_____	mentir	_____
poder	_____	gemir	_____
servir	_____	rendir	_____
medir	_____	hervir	_____
herir	_____	presentir	_____
contradecir	_____	intervenir	_____
predecir	_____	elegir	_____
perseguir	_____	divertir	_____

40 Grupo 10: Añadir -iendo cambiando la raíz del verbo

Añadir -iendo a otros verbos irregulares

Grupo 11

proveer	oír
instruir	leyendo
destruyendo	ir
yendo	cayendo
oyendo	destruir
influyendo	huir
caer	construir
construyendo	influir
leer	instruyendo
huyendo	proveyendo

Grupo 11: Añadir -iendo a otros verbos irregulares

Añadir -iendo a otros verbos irregulares

Verbo en infinitivo	Gerundio irregular
leer	leyendo

Grupo 11: Añadir -iendo a otros verbos irregulares

Añade -iendo a la raíz de los siguientes verbos cambiando la i por una y (-yendo). Luego escribe una oración usando la nueva palabra.

poseer _____

leer _____

traer _____

ir _____

retraer _____

contraer _____

proveer _____

oír _____

releer _____

rehuir _____

recaer _____

Grupo 12

temido	despedido	respetado	valorar
sentir	decidir	valorado	adornado
morder	mordido	adornar	observar
decidido	mover	observado	cambiado
partir	partido	cambiar	evaluar
movido	temer	comenzar	comenzado
despedir	sentido	evaluado	respetar

Grupo 12: Añadir -ido o -ado

Quita -er/-ir + -ido

comido, dormido

Quita -ar + -ado

adornado

Grupo 12: Añadir -ido o -ado

Escribe en las líneas palabras que terminen en -ado o -ido. Colócalas bajo la columna que corresponde.

Quita **-ar** + **-ado**	Quita **-er/-ir** + **-ido**

Grupo 12: Añadir -ido o -ado

Formas irregulares de los afijos -ado e -ido
Grupo 13

(abrir) abierto	(recluir) recluso	(decir) dicho
(predecir) predicho	(cubrir) cubierto	(deshacer) deshecho
(escribir) escrito	(resolver) resuelto	(oponer) opuesto
(concluir) concluso	(hacer) hecho	(volver) vuelto
(poner) puesto	(confundir) confuso	(incluir) incluso
(satisfacer) satisfecho	(suspender) suspenso	(ver) visto
(expresar) expreso	(difundir) difuso	(rehacer) rehecho
(contradecir) contradicho	(prender) preso	

1. **Lee las oraciones. Subraya la palabra entre paréntesis que mejor complete la oración. Escríbela en la línea.**

   1. ¿_____ quieres de regalo? (Qué/Que)
   2. Cuando sea grande, quiero ser como _____. (tú/tu)
   3. No me gusta tomar _____. (te/té)
   4. ¿_____ te llamas? (Como/Cómo)
   5. Tengo muchos libros pero quiero tener _____. (más/mas)
   6. Tómate toda _____ sopa. (tú/tu)

2. **Lee las siguientes palabras. Forma la palabra compuesta usando la palabra apropiada del recuadro. Escríbela en la línea.**

   | abre | día | sobre | salva | botas | juegos |

   1. video + _____ = _____
   2. limpia + _____ = _____
   3. _____ + cama = _____
   4. medio + _____ = _____
   5. _____ + vidas = _____
   6. _____ + cartas = _____

3. **Lee las siguientes palabras en singular. Escríbelas en plural.**

   1. casa _____
   2. botón _____
   3. ley _____
   4. raíz _____
   5. pez _____
   6. árbol _____
   7. pared _____
   8. el jueves _____
   9. mantel _____
   10. amanecer _____

Verificar 1: Homófonos, palabras compuestas y plurales

1. Lee las siguientes palabras, los tres sufijos entre paréntesis y la definición que les sigue. Subraya el sufijo con el que puedes formar una nueva palabra correspondiente a la definición. Escribe la nueva palabra en la línea.

1. comer + (-osa, -ado, **-dor**) = lugar donde se come _____
2. adorno + (-ado, -cho, **-dora**) = algo con adornos _____
3. correr + (-iendo, -to, **-ado**) = acción de correr _____
4. gracia + (**-oso**, -ido, -iendo) = persona chistosa _____
5. jugar + (-so, **-ando**, -ada) = acción de jugar _____
6. temer + (-iendo, -to, **-ado**) = acción de temer _____
7. pedir + (-cho, **-ido**, -oso) = algo que ya se pidió _____
8. calcular + (**-dora**, -iendo, -oso) = objeto para calcular _____

2. Lee las oraciones. Subraya la palabra entre paréntesis que mejor complete cada oración. Escríbela en la línea.

1. Yo no he _____ a tu hermano por aquí. (verido/visto)
2. ¿Has _____ la tarea de matemáticas? (hecho/hacerido)
3. Elena ha _____ un poema muy bonito. (escrito/escribido)
4. ¿Estás _____ un libro de aventuras? (leyendo/leiendo)
5. ¡Qué bien has _____ esta noche! (cantado/canto)
6. El examen estaba mal _____. (imprimado/impreso)

3. Agrega el sufijo a las siguientes palabras para formar una nueva palabra. Escribe una oración con la palabra que formaste.

1. temer + osa = _____
2. bondad + oso = _____
3. color + ado = _____
4. color + ido = _____
5. conoce + dora = _____
6. explora + dor = _____

Verificar 2: Sufijos